Autoren

AF175409

Julien Rösch, Jophil George

Swift programmieren lernen für Einsteiger – Übungsheft

C✪deStar*ter*

Bibliografische Information der Deutschen Nationalbibliothek: Die Deutsche Nationalbibliothek verzeichnet diese Publikation in der Deutschen Nationalbibliografie; detaillierte bibliografische Daten sind im Internet über http://dnb.dnb.de abrufbar.

© 2018 Julien Rösch
Herstellung und Verlag:
BoD – Books on Demand, Norderstedt

ISBN: 9783752839449

Inhaltsverzeichnis

Swift programmieren lernen für Einsteiger - Übungsheft

Dies ist ein Übungsheft, das dir helfen wird, den Einstieg in die Welt der Swift Programmierung zu meistern. Dir wird Schritt für Schritt, anhand von Übungen, gezeigt, wie Swift aufgebaut ist und funktioniert. Viel Spaß auf deinem Weg zum Swift Programmierer wünschen dir Julien Rösch und Jophil George.

Vorwort

Das Schwierigste der Programmierung ist nach meiner Erfahrung nach der Einstieg. Nicht jedem fällt dieser leicht. So auch mir. Ich hatte lange Mühe zu begreifen, wie Programmabläufe zusammenhängen und was sie bewirken. Heute weiß ich, dass es besonders in der Anfangsphase wichtig ist, den Stoff genau zu verstehen. Mit diesem Buch sollst du angenehm in die Swift Programmierung eingeführt werden und später auf einer soliden Basis bauen können.

Über Swift

Swift ist eine Programmiersprache die von Apple 2014 auf der WWDC vorgestellt wurde. Sie dient hauptsächlich zur Programmierung von Applikationen für Apple eigene Betriebssysteme wie z.B. iOS, macOS, tvOS oder watchOS. Da Swift eine sehr neue Programmiersprache ist, wird diese oft aktualisiert, weswegen es sich lohnt, sich regelmäßig über Veränderungen zu informieren.

Grundvoraussetzung

Um die Übungen in diesem Buch lösen zu
können, benötigst du eine Internetverbindung,
die dir einen Zugang zur Webseite
www.codestarter.ch verschafft. Jedes Kapitel
basiert auf einem Thema, zudem du die
Theorie auf der Webseite findest. Der
entsprechende Titel ist jeweils genauer
beschrieben.
Außerdem solltest du mindestens das Kapitel
Xcode auf www.codestarter.ch durchgelesen
und umgesetzt haben, um im Playground
beginnen zu können.

Swift ist eine Programmiersprache von Apple
für das macOS Betriebssystem.
Dementsprechend benötigst du einen Apple
Mac Computer auf dem mindestens Xcode 9
installiert ist.

Variablen

Voraussetzung für diese Übungen ist
Kapitel 1. Variablen *auf www.codestarter.ch*
unter dem Menüpunkt „Swift"

Übung 1

Erstelle eine Variable mit:
1. Deinem Namen
2. Deinem Alter
Finde jeweils geeignete Namen.

Übung 2

Kombiniere die beiden Variablen so
miteinander, dass sie in einer neuen Variable,
zuerst der Namen und dann das Alter, den
Wert darstellen. Nenne die neue Variable
„kombination"

Übung 3

Wir möchten eine Variable erstellen, welche
„steckbrief" heißt und uns darüber informiert,
dass Hans Muster den Sport Tennis mag. Zur
Verfügung stehen uns bereits drei
vorgefertigte Variablen:

```
var name = "Muster"
var vorname = "Hans"
var lieblingsSport = „Tennis"
```

Übung 4

Uns stehen zwei Variablen des Datentyps Int zur Verfügung. Wir möchten sie miteinander verrechnen. Als Ergebnis soll jeweils in vier unterschiedlichen und neu erstellten Variablen, 12, 8, 20 und 5 angezeigt werden. Finde jeweils geeignete Namen für die Variablen.

```
var zahl1 = 10
var zahl2 = 2
```

Konsolenausgabe

Voraussetzung für diese Übungen ist
Kapitel 2. Konsolenausgabe *auf*
www.codestarter.ch unter dem Menüpunkt
„Swift"

Übung 1

Wir übernehmen die Übung 3 aus dem Kapitel Variablen und geben den Wert der Variable steckbrief in der Konsole aus

```
var steckbrief = vorname + " " + name +
                 " mag den Sport " +
                 lieblingsSport
```

Übung 2

Operiere mit den Zahlen 100 und 10 so, dass in der Konsole die Ergebnisse 110, 90, 1000 und 10 angezeigt werden.

Kontrollstrukturen

Voraussetzung für diese Übungen ist
Kapitel 3. Kontrollstrukturen *auf*
www.codestarter.ch unter dem Menüpunkt
„Swift"

Übung 1

Eine Kontrollstruktur soll uns darüber
informieren, ob die Variable name, den Wert
„*Hans*" beinhaltet oder nicht.

```
var name = "Hans"
```

Übung 2

Nun soll die Kontrollstruktur überprüfen, ob
der Wert der Variable zahl im Zahlenbereich
zwischen 0 und 10 ist, oder was sie ebenfalls
akzeptieren kann, zwischen 20 und 30.

```
var zahl = 25
```

Übung 3

Die Kontrollstruktur soll zunächst überprüfen, ob der Name "*Tom*" ist. Sollte das der Fall sein, soll überprüft werden, ob er älter als 30, jünger als 30, oder genau 30 Jahre alt ist.

```
var name = "Tom"
var tomsAlter = 30
```

Übung 4

Ein Restaurant bietet vier Gericht an. Hamburger, Nudeln, Pizza und Steak. Eine switch-case Kontrollstruktur soll je nach Gericht, welches in der Variable abgespeichert wurde, den Preis auf der Konsole ausgeben. Sollte das Gericht nicht angeboten werden, soll ein entsprechender Hinweis auf der Konsole ausgegeben werden.

```
var gericht = "Pizza"
```

Hamburger: EUR 8.50
Nudeln und Pizza: EUR 7.00
Steak: EUR 12.99

Schleifen

Voraussetzung für diese Übungen ist
Kapitel 4. Schleifen *auf www.codestarter.ch
unter dem Menüpunkt „Swift"*

Übung 1

Ordne die drei Schleifentypen ihren jeweiligen
Eigenschaften zu.

for-in Schleife •	•	Fussgesteuert
While Schleife •	•	Ist intelligent, da sie vorgefertigte Aufgaben übernehmen kann
Repeat-while Schleife •	•	Kopfgesteuert

Übung 2

Eine Schleife soll in 6 Durchläufen jedes Mal
den Wert einer Zahl um 1 erhöhen und dabei
immer den momentanen Wert auf der Konsole
ausgeben. Kreiere dafür nicht extra eine
separate Variable, sie soll bereits in der
Schleife integriert sein.

17

Übung 3

Schreibe eine Variable mit dem Wert 50.
Programmiere eine Schleife, welche diesen in
jedem Durchgang um 1 erhöht, bis er 50 ist.
Der erste Durchgang soll aber unter jedem
Umstand durchgeführt werden.

Übung 4

Ein Wert einer Variable liegt bei 30. Er soll
schrittweise um 2 erhöht werden, bis er bei 45
angelangt ist.

```
var zahl = 30
```

Übung 5

Eine Variable mit beliebigem Wert soll solange
immer um 10 korrigiert werden, bis der Wert
genau 100 ist. Gehe für diese Aufgabe von
folgender Variable aus.

```
var zahl = 150
```

Operatoren

Voraussetzung für diese Übungen ist
Kapitel 5. Operatoren *auf*
www.codestarter.ch unter dem Menüpunkt
„Swift"

Übung 1

Welchen Wert hat x?

```
var (x, y) = (20, 30)

x = y
```

Übung 2

Welche Werte stecken jeweils hinter x?

```
var x = 20

x = -x    //Aufgabe 2.1
x = +x    //Aufgabe 2.2
x = -x    //Aufgabe 2.3
```

Übung 3

Die Variable „*zahl*" soll schrittweise bis 20
erhöht werden. Sollte der Wert der Variable
ungerade sein, wird der Wert im laufenden
Durchgang nur um 1 erhöht. Sollte der Wert
der Variable jedoch gerade sein, wird er um 2
erhöht.

```
var zahl = 9
```

Funktionen

Voraussetzung für diese Übungen ist
Kapitel 6. Funktionen *auf*
www.codestarter.ch unter dem Menüpunkt
„Swift"

Übung1

Programmiere eine Funktion, welche ein freundliches Hallo auf der Konsole ausgibt und führe diese aus. Benenne die Funktion *„sagHallo"*.

Übung2

Programmiere eine Funktion, welcher du zwei Zahlen übergeben musst, die, miteinander addiert, auf der Konsole ausgegeben werden. Führe die Funktion aus und benenne sie *„addieren"*.

Übung 3

Erstelle eine neue Funktion namens *„ueberpruefe"*. Sie soll zwei mitgegebene Zahlen danach überprüfen, welche grösser ist. Gib das Ergebnis in der Konsole aus.

Übung 4

Wir möchten eine Funktion, der wir zwei Zahlen übergeben und zudem entscheiden können, ob wir sie miteinander addieren, subtrahieren, dividieren, oder multiplizieren wollen. Dafür benutzen wir die gängigen Zeichen (+, -, /, *) Das Ergebnis soll auf der Konsole angezeigt werden.
Benenne die Funktion „*rechner*". Sollte kein gültiges Zeichen angegeben worden sein, wird eine entsprechende Meldung ausgegeben.

Übung 5

Programmiere eine Funktion, welche einen Steckbrief, anhand von uns übergebenen Daten, erstellt. Der Name, das Land in dem die Person lebt und das Alter soll wie folgt auf der Konsole ausgegeben werden.

```
Hans lebt in Deutschland und ist 21 Jahre alt
```

Finde einen passenden Namen für die Funktion und für die Parameter.

Übung 6

Folgende Funktion ist vorgegeben:

```
func funktion2(zahl1: Int, zahl2: Int){
    print(zahl1 - zahl2)
}
```

Am Namen der Funktion erkennst du bereits, dass sie die zweite von zweien ist. Deine Aufgabe ist es, die erste Funktion zu programmieren.
Sie soll „*funktion1*" heißen und zwei Parameter miteinander addieren. Das erhaltene Ergebnis soll sie als Rückgabewert zurückgeben. Die zweite Funktion soll das Resultat der ersten Funktion als Wert für den Parameter „*zahl1*" nutzen, um davon eine Zahl zu subtrahieren.
Programmiere die Funktion1 und rufe die Funktion2 ordnungsgemäß auf.

Arrays

Voraussetzung für diese Übungen ist
***Kapitel 7. Arrays** auf www.codestarter.ch*
unter dem Menüpunkt „Swift"

Übung 1

Drei Mitglieder eines Vereins sollen in einem Array erfasst werden. Erstelle das Array, finde den geeigneten Datentyp und gib das Resultat auf der Konsole aus.

Übung 2

Folgendes Array ist gegeben:

```swift
var obst: [String] = ["Apfel", "Banane", "Birne",
                      "Pflaume", "Aprikose"]
```

2.1 Gib die Anzahl an Früchten in der Obstschale auf der Konsole aus.

2.2 Die zweite Frucht wird verspeist. Entferne sie aus dem Array.

2.3 Dein Hund hat die letzte Frucht, die du in die Obstschale gelegt hast, gefressen.

2.4 Di Frucht die am längsten in der Schale liegt, hat angefangen zu schimmeln, du musst sie aussortieren.

2.5 Leider sind auch die anderen Früchte befallen, sie müssen ebenfalls weggeschmissen werden.

Übung 3

In einer Klasse werden vier Dreiergruppen gebildet. Programmiere eine Funktion, welche für die Gruppe2, in folgendes Array die Namen Otto, Hans und Jörg füllt. Benenne die Funktion „*eintragen*" und gib die Werte des Arrays auf der Konsole aus.

```
var gruppe2 = [String]()
```

Übung 4

Folgendes Array ist gegeben:

```
var werkzeug: [String] = ["Hammer", "Bohrer", "Säge"]
```

4.1 Füge an dritter Stelle einen Schraubenzieher hinzu.

4.2 Entferne die Säge aus dem Array.

Sets

Voraussetzung für diese Übungen ist
Kapitel 8. Sets *auf www.codestarter.ch unter*
dem Menüpunkt „Swift"

Übung 1

Erstelle ein neues Set, indem die Zutaten für
Spätzle erfasst werden. Benenne es
„zutatenSpaezle"

Zutaten: Mehl, Wasser, Ei und Salz

Übung 2

Gib die Zutaten aus dem Set *„zutatenSpaezle"*
nacheinander sauber auf der Konsole aus.

Übung 3

Gegeben ist folgendes Set, indem die
Bestandteile der Vorratskammer aufgeführt
sind:

```swift
var vorratskammer: Set<String> = ["Mehl", "Wasser",
                                  "Salz", "Butter"]
```

Programmiere eine Kontrollstruktur, die uns
Bescheid sagt, ob alle Zutaten für Spätzle in
der Vorratskammer vorhanden sind oder nicht.

Übung 4

Erweitere die Kontrollstruktur aus Übung 3 so,
dass sie uns zusätzlich zum Bescheid auch
noch darüber Auskunft gibt, welche Zutaten
fehlen. So oder so sollen aber alle Zutaten
ausgegeben werden, welche in der
Vorratskammer vorhanden sind.

Dictionary

Voraussetzung für diese Übungen ist
Kapitel 9. Dictionary auf www.codestarter.ch
unter dem Menüpunkt „Swift"

Übung 1

Wir möchten ein Wörterbuch programmieren und nutzen dafür folgendes Dictionary. Finde zunächst den geeigneten Datentyp für Key und Value und ersetzte mit ihm die Platzhalter (x). Als Key setzen wir später das deutsche zu übersetzende Wort und als Value die englische Übersetzung.

```
var woerterbuch: [x: x] = [:]
```

Übung 2

2.1 Fülle das Dictionary aus Übung1 mit folgenden drei Keys und Values:

Tisch – Table | Apfel – Apple | Tasche – Bag

2.2 Entferne aus dem Dictionary den Wert mit dem Key "Apfel".

2.3 Gib den Wert des Keys "Tasche" auf der Konsole aus und schmücke die Ausgabe so, dass folgender Satz ersichtlich sein wird:

```
Die Übersetzung für Tasche ist: Bag
```

Lösungen

Variablen

Übung 1

1.1:

```
var name = "Max"
```

Ein geeigneter Name für die Variable ist name.
Der Wert der Variable Name ist eine Zeichenkette, deswegen handelt es sich um den Datentyp String. Strings werden in Gänsefüßchen eingebettet.

1.2:

```
var alter = 38
```

Ein geeigneter Name für die Variable ist alter. Der Wert der Variable ist eine Zahl ohne Nachkommastellen, deswegen handelt es sich um den Datentyp Int. Ints müssen nicht in Gänsefüßchen eingebettet werden

Übung 2

```
var kombination = name + String(alter)
```

Der Wert der Variable alter ist vom Datentyp Int. Der Datentyp der Variable name jedoch, ist vom Datentyp String. Daher müssen wir den Wert von alter in einen String konvertieren um sie mit name in einer neuen Variable zu kombinieren.

Übung 3

```
var steckbrief = vorname + " " + name +
                 " mag den Sport " +
                 lieblingsSport
```

Achte darauf, dass in deiner Lösung der Lehrschlag berücksichtigt wurde. Dieser wird in den Gänsefüßchen eingefügt.

Übung 4

```
var addition = zahl1 + zahl2
var subtraktion = zahl1 - zahl2
var multiplikation = zahl1 * zahl2
var division = zahl1 / zahl2
```

Addieren (+)
Subtrahieren (-)
Multiplizieren (*)
Dividieren (/)

Konsolenausgabe

Übung 1

```
var name = "Muster"
var vorname = "Hans"
var lieblingsSport = "Tennis"


var steckbrief = vorname + " " + name +
                 " mag den Sport " +
                 lieblingsSport

print(steckbrief)
```

Sind die Variablen name, vorname und lieblingsSport vorhanden, können wir den Wert wie in der Lösung auf die Konsole ausgeben. Anderenfalls könnte man Strings auch direkt ausgeben.

```
print("Hans Muster mag den Sport Tennis")
```

Übung 2

```
print(100 + 10)
print(100 - 10)
print(100 * 10)
print(100 / 10)
```

Kontrollstrukturen

<u>Übung 1</u>

```
if name == "Hans"{
    print("Der Name ist Hans")
}
else{
    print("Der Name ist nicht Hans")
}
```

Ein Vergleich wird mit zwei direkt aufeinanderfolgenden Gleichheitszeichen (==) durchgeführt.

Übung 2

```
if zahl >= 0 && zahl < 11 || zahl > 19 && zahl < 31{
    print("Zahl ist im Zahlenbereich")
}else {
    print("Zahl ist nicht im Zahlenbereich")
}
```

(&&) *bewirkt, dass beide Bedingungen erfüllt sein müssen.*
(II) *bewirkt, dass nur eine von beiden Bedingungen erfüllt sein muss.*

In diesem Beispiel soll die Zahl 0 ebenfalls im Zahlenbereich akzeptiert werden. Dafür muss der Operator wie folgt aussehen: >= (größer gleich).

Die Operatoren **(>)** *und* **(<)** *werten die angegebene Zahl nicht mit.*

Übung 3

```
if name == "Tom"{
    if tomsAlter > 30{
        print("Ist älter als 30")
    }else if tomsAlter < 30{
        print("Ist jünger als 30")
    }else {
        print("Ist 30 Jahre alt")
    }
}else{
    print("Name ist nicht Tom")
}
```

Kontrollstrukturen können auch ineinander programmiert werden.
Weil Tom weder älter als 30, noch jünger als 30 ist, muss die logische Konsequenz der altersüberprüfenden Kontrollstruktur sein, dass Tom genau 30 Jahre alt ist.

Übung 4

```
var gericht = "Pizza"

switch gericht{
case "Hamburger":
   print("Preis: EUR 8.50")
case "Nudeln",
   "Pizza":
   print("Preis: EUR 7.50")
case "Steak":
   print("Preis: EUR 12.99")
default:
   print("Das Gericht wird nicht angeboten")

}
```

Die Nudeln und die Pizza kosten gleich viel, daher erhalten sie die gleiche Konsolenausgabe. Sollte das Gericht nicht angeboten werden, so springt das switch-case direkt in den default und gibt den entsprechenden Hinweis aus.

Schleifen

<u>Übung 1</u>

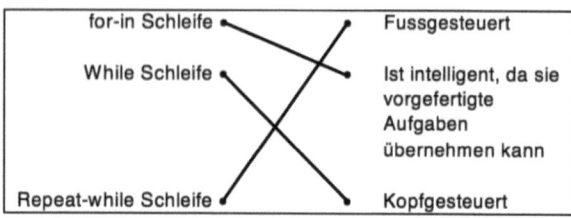

for-in Schleife: *überprüft nicht nur die Bedingung, sondern kann Werte auch automatisch verändern.*

While Schleife: *Die while Bedingung befindet sich vor der Schleifendurchführung, sozusagen am Kopf der Schleife.*

Repeat-while Schleife: *Die while Bedingung befindet sich nach der Schleifendurchführung, sozusagen am Fuß der Schleife.*

Übung 2

```
for zahl in 0...6{
    print("Zahl ist bei: \(zahl)")
}
```

*In der Konsole werden dir zwar sieben Ausgaben angezeigt, in der Aufgabenstellung waren aber 6 Durchläufe gefragt, in denen jedes Mal der Wert um 1 erhöht wird. Beim ersten Durchlauf wird der Wert **nicht** um eins erhöht. Erst bei den darauffolgenden.*

Übung 3

```
var zahl = 50

repeat{
    zahl += 1
    print("Zahl ist bei: \(zahl)")
}while zahl < 50
```

Der Wert der Variable ist bereits 50. Da der erste Durchgang unter jedem Umstand durchgeführt werden soll, nutzen wir eine repeat-while Schleife, da diese erst nach einem Durchgang überprüft, ob die Bedingung zutrifft.

Übung 4

```
var zahl = 30

while zahl < 45{
    if zahl == 44{
        zahl += 1
    }else{
        zahl += 2
    }
    print("Zahl ist bei: \(zahl)")
}
```

Mit einer zyklischen Werteerhöhung von 2, gelangt man, mit einem Basiswert von 30, niemals auf 45, sondern auf 44 oder 46. Um dennoch genau auf 45 zu gelangen, muss innerhalb der Schleife überprüft werden, ob der Wert der Variable schon bei 44 ist. Wenn ja, dann kann nur noch um 1 erhöht werden.

Übung 5

```
var zahl = 150

if zahl > 100{
    while zahl > 100{
        zahl -= 10
        print("Zahl ist bei: \(zahl)")
    }
}else if zahl < 100{
    while zahl < 100{
        zahl += 10
        print("Zahl ist bei: \(zahl)")
    }
}
```

*Auch Schleifen könne in if/else
Kontrollstrukturen verwendet werden.
if und else if Bedingung überprüfen zunächst,
ob der Wert der zu korrigierenden Variable
grösser oder kleiner als 100 ist. Beruhend auf
dieser Kenntnis, wir eine Schleife
durchgeführt, die den Wert bei jedem
Durchgang um 10 verkleinert oder vergrößert.*

Operatoren

__Übung 1__

*x hat den Wert 30. y übergibt x ihren Wert 30
und ersetzt damit den Wert 20.*

__Übung 2__

2.1: *Durch das Vorzeichen (-) ist x gleich -20*
2.2: *Aus der Mathematik wissen wir, dass -
und + minus ergibt. Deswegen ändert sich der
Wert nicht und bleibt bei -20.*
2.3: *Aus der Mathematik wissen wir ebenfalls,
dass - und - plus ergibt. Deswegen ändert
sich der Wert wieder zu 20.*

Übung 3

```
var zahl = 9

while zahl < 20{
    if zahl%2 == 0{
        zahl += 2
        print("Zahl ist bei: \(zahl)")
    }else{
        zahl += 1
        print("Zahl ist bei: \(zahl)")
    }
}
```

Da uns der Modulo Operator den Restwert angibt, können wir so überprüfen, ob die Zahl gerade ist. Eine gerade Zahl ergibt mit %2 immer 0. Eine ungerade Zahl hingegen immer den Restwert 1. Aus diesem Grund, wird im ersten Durchgang der Wert nur um eins erhöht und liegt somit bei 10. Danach wird immer um zwei erhöht.

Funktionen

Übung 1

```
func sagHallo(){
    print("Hallo")
}

sagHallo()
```

Die Funktion ist leer, deshalb befinden sich auch keine Parameter in den Klammern.

Übung2

```
func addieren(zahl1: Int, zahl2: Int){
    print(zahl1 + zahl2)
}

addieren(zahl1: 3, zahl2: 4)
```

Die Funktion addieren hat zwei Parameter, die beim Ausführen mitgegeben werden müssen. Du kannst sie ganz nach deinem Geschmack benennen, beachte dabei nur, dass du die Regeln der Benennung einhältst.

Übung 3

```
func ueberpruefe(zahl1: Int, zahl2: Int){
    if zahl1 > zahl2{
        print("zahl1 ist grösser")
    }else if zahl2 > zahl1{
        print("zahl2 ist grösser")
    }else{
        print("Beide Zahlen sind gleich gross")
    }
}

ueberpruefe(zahl1: 3, zahl2: 5)
```

Kontrollstrukturen können in Funktionen verwendet werden. Beide Parameter werden danach überprüft, welche grösser ist. Ist keine grösser als die andere, müssen sie gleich groß sein.

Übung 4

```
func rechner(zahl1: Int, zahl2: Int, zeichen: String){
    if zeichen == "+"{
        print(zahl1 + zahl2)
    }else if zeichen == "-"{
        print(zahl1 - zahl2)
    }else if zeichen == "/"{
        print(zahl1 / zahl2)
    }else if zeichen == "*"{
        print(zahl1 * zahl2)
    }else{
        print("Geben Sie ein gültiges Zeichen ein")
    }

}

rechner(zahl1: 10, zahl2: 5, zeichen: "+")
```

Wir müssen der Funktion einen dritten Parameter des Datentyps String mitgeben. Diesen vergleichen wir jeweils mit den vier Operationsmöglichkeiten. Sollte keines der Zeichen zutreffen, ist die logische Konsequenz, dass kein gültiges Zeichen angegeben wurde.

Übung 5

```swift
func steckbrief(name: String, land: String, alter: Int){
    print("\(name) lebt in \(land) und ist \(alter) Jahre alt")
}

steckbrief(name: "Hans", land: "Deutschland", alter: 21)
```

Ein passender Name für die Funktion wäre z.B. „steckbrief".
Die print() Ausgabe hätte auch wie folgt geschehen können, jedoch können mit dieser Variante Probleme beim Kompilieren im Playground auftreten. Daher, versuche entsprechende Ausgaben in Zukunft im Stil der ersten Variante zu machen.

```swift
print(name + " lebt in " + land + " und ist " + alter + " Jahre alt")
```

Übung 6

```
func funktion1(zahl1: Int, zahl2: Int) -> Int{
    return zahl1 + zahl2
}


func funktion2(zahl1: Int, zahl2: Int){
    print(zahl1 - zahl2)
}

funktion2(zahl1: funktion1(zahl1: 5, zahl2: 3), zahl2: 6)
```

Du kannst einer Funktion als Parameter auch einen Rückgabewert einer Funktion übergeben. In diesem Fall übergeben wir der Funktion2, für den Parameter „zahl1", den Rückgabewert von Funktion1.

Arrays

<u>Übung 1</u>

```
var mitglieder = [String]()

mitglieder.append("Hans Muster")
mitglieder.append("Jörg Lindner")
mitglieder.append("Otto Müller")

print(mitglieder)
```

Da wir Namen in das Array speichern wollen, benutzen wir den Datentyp String. Die entsprechende Methode für die Erfassung des Wertes ist „.append". Werte innerhalb eines Arrays könne herkömmlich per print() Methode auf der Konsole ausgegeben werden.

Übung 2

2.1

```
print("Es sind \(obst.count) Früchte da.")
```

2.2

```
obst.remove(at: 1)
```

Wir möchten ein Wert an einer bestimmten
Stelle entfernen. Index 1 ist gleich Position 2

2.3

```
obst.removeLast()
```

Letzter Wert im Array wird gelöscht.

2.4

```
obst.removeFirst()
```

Erster Wert im Array wird gelöscht.

2.5

```
obst.removeAll()
```

Alle Werte im Array werden gelöscht.

Übung 3

```
var gruppe2 = [String]()

func eintragen(person1: String, person2: String, person3: String){
    gruppe2 = [person1, person2, person3]
}

eintragen(person1: "Otto", person2: "Hans", person3: "Jörg")

print(gruppe2)
```

Geeignete Namen für die Parameter wären z.B. person1,2 und 3. Die Parameter werden gleichzeitig in das Array gespeichert. Das ist durch die Abtrennung eines Kommas in eckigen Klammern möglich.

Übung 4

4.1

```
werkzeug.insert("Schraubenzieher", at: 2)
```
Index 2 ist gleich Position 3.

4.2

```
werkzeug.remove(at: werkzeug.index(of: "Säge")!)
```
Wenn wir an einer bestimmten Stelle im Array einen Wert entfernen wollen, müssen wir den Index angeben. Diesen müssen wir für den Wert „Säge", aber erstmal herausfinden:

```
werkzeug.index(of: "Säge")
```

Beim Indexwert, den wir aus dem Array werkzeug zurückbekommen, handelt es sich um ein Optional. Kurz, ein Optional ist ein Wert, der noch nicht existiert oder nie existieren wird. Er kann also auch nichts sein. z.B. dann, wenn der Wert „Säge" gar nicht vorhanden ist. Um dem Compiler jedoch Bescheid zu sagen, dass wir auf jeden Fall den Index erhalten wollen, schreiben wir ein Ausrufezeichen (!) hinter das Optional. Quasi eine Sicherstellung unsererseits, dass „Säge" im Array vorhanden sein wird.

Sets

<u>Übung 1</u>

```
var zutatenSpäzle: Set<String> = ["Mehl", "Wasser",
                                   "Ei", "Salz"]
```

Die Zutaten werden als Zeichenketten gespeichert, deswegen muss auch das Set vom Datentyp String sein.

<u>Übung 2</u>

```
for zutat in zutatenSpäzle{
    print("\(zutat)")
}
```

Um Werte aus einem Set zu lesen, benutzen wir eine for-in Schleife. Bei jedem Durchgang können wir so jede einzelne Zutat auf der Konsole ausgeben.

Übung 3

```
if zutatenSpäzle.isSubset(of: vorratskammer) == true{
    print("Es sind alle Zutaten vorhanden")
}else{
    print("Es fehlen Zutaten")
}
```

Die Methode „.isSubset" liefert und Informationen darüber, ob alle Wert aus dem ersten Set, hier „zutatenSpätzle", auch im zweiten Set, hier „vorratsKammer", vorhanden sind. Sollte das der Fall sein (true), geben wir die entsprechende Meldung aus. Die logische Konsequenz ist (false), dass nicht alle Werte aus dem ersten Set im zweiten vorhanden sind.

Übung 4

```
if zutatenSpäzle.isSubset(of: vorratskammer) == true{
   print("Es sind alle Zutaten vorhanden")
}else{
   print("Es fehlen Zutaten: ")
   for nichtVorhanden in zutatenSpäzle.subtracting(vorratskammer){
      print("\(nichtVorhanden) ist nicht vorhanden")
   }
}
```

Im else Teil der Kontrollstruktur fügen wir eine for-in Schleife hinzu, die alle Werte ausgibt, welche noch fehlen. Dafür verwenden wir die Methode „.subtracting". Sie kreiert ein Set mit allen Werten, welche im anderen Set nicht vorhanden sind.

```
for istVorhanden in zutatenSpäzle.intersection(vorratskammer){
   print("\(istVorhanden) ist vorhanden")
}
```

Da es keine Rolle spielt, ob alle Zutaten vorhanden sind oder nicht, programmieren wir nach der Kontrollstruktur eine zweite for-in Schleife, die uns alle Zutaten ausgibt, welche vorhanden sind. Auch wenn gewisse Zutaten fehlen. Dafür verwenden wir die Methode „.intersection". Sie kreiert ein Set mit den übereinstimmenden Werten.

Dictionary

Übung 1

Der geeignete Datentyp für ein Dictionary welches wir als Wörterbuch verwenden möchten ist String, da wir das deutsche Wort als Key und die englische Übersetzung als Value in Form einer Zeichenkette abspeichern möchten.

```
var woerterbuch: [String: String] = [:]
```

Übung 2

2.1

```
woerterbuch["Tisch"] = "Table"
woerterbuch["Apfel"] = "Apple"
woerterbuch["Tasche"] = "Bag"
```

Um Werte in ein Dictionary zu speichern, sprechen wir das Dictionary mit seinem Namen an und geben den Key in eckigen Klammern mit, sowie den Wert nach dem Gleichheitszeichen.

2.2

```
woerterbuch.removeValue(forKey: "Apfel")
```

Werte werden mit der .removeValue(forKey:) Methode aus einem Dictionary gelöscht.

2.3

```
print("Die Übersetzung für Tasche ist:
    \(woerterbuch["Tasche"]!)")
```

Um Werte aus einem Dictionary zu lesen sprechen wir das Dictionary mit seinem Namen an und geben ihm den Key des zu löschenden Wertes in eckigen Klammern mit. Da uns immer ein Wert zurückgegeben wird, können wir diesen auch als eine Art Platzhalter in einer Konsolenausgabe nutzen. Allerdings ist das Ausrufezeichen nicht zu vergessen, da es sich hier um ein Optional handelt.